1

Agua de Limón para MAX

La Extraordinaria Experiencia de ser Mamá de un Niño con Autismo

Sonia Meza Orozco

ISBN: 9798872614852

Sonia Meza Orozco

Nació en Tijuana, Baja California, México, el 8 de mayo de 1973, realizó sus estudios universitarios en la Universidad Autónoma de Baja California, graduándose con el Mérito Académico de la Licenciatura en Comunicación, en el año 1995.

En el ámbito profesional fue reportera en el Semanario Zeta y jefa de Comunicación Social en diversas dependencias de Gobierno.

Autora del Libro Best Seller *"Papá. Tenemos una cita pendiente"*

Actualmente está casada y es madre de dos hijos. Vive en Playas de Rosarito, Baja California, México.

sonia.escritora1215@gmail.com
https://www.facebook.com/SoniaMezaEscritora

Dedico este libro a:

Mi querido hijo Max

Índice

Capítulo 1

"Un bebe adorable"

Era mi segundo embarazo, apenas tenía el segundo mes cumplido cuando tuve un pequeño sangrado, sin mucha importancia. Entonces el ultrasonido mostró a un diminuto bebe muy bien formado, y mi abuelita me dijo: "será niño"; porque según su experiencia, los hombres se forman muy rápido en el vientre de la mamá, más pronto que las niñas. Y así fue, mi abuelita tuvo voz de profeta. Al cuarto mes el ultrasonido reveló al 100% que era un varón el que esperábamos.

La noticia fue de gran alegría, pues ya teníamos una hermosa niña de un año, Paloma, y complementar la "parejita" como se acostumbra decir, era algo maravilloso. Además, sería el primer descendiente hombre que perpetuaría el apellido de mi esposo, por lo que la noticia trajo gran regocijo a todos.

El embarazo transcurrió de forma normal, aunque con mayor cansancio que el primero. Yo tenía 36 años de edad en este embarazo, por lo que me sentía a buena edad de tener a mi segundo bebe y hasta ahí, ya lo tenía todo, un niño, una niña, y hasta el nombre para nuestro bebe varón. Se llamaría Maximiliano Fernando, de acuerdo a la sugerencia de mi esposo, quien es un amante de la historia, y escogió el nombre por el emperador austriaco que gobernó México en la época de Benito Juárez. Aunque los nombres los colocó invertidos, en su interior él sabía que su hijo llevaría el nombre de un Emperador.

Como hacía solo 2 años que había tenido a mi hija por medio de cesárea, la doctora me había programado una segunda cesárea para el nacimiento de Max. La fecha era 15 de agosto. Pero Max no quiso nacer ese día. El 11 de agosto yo comencé a sentir poco movimiento del bebe y en la noche me llevó de emergencia mi esposo a la Cruz Roja para que revisaran los latidos y la indicación fue muy clara "lleve a su esposa lo más pronto posible al hospital porque los latidos son muy bajos y está en riesgo la vida del niño".

Nos trasladamos al hospital de inmediato y Max nació a las 3:00 a.m. del día 12 de agosto del 2009. Había ocurrido lo mismo que en mi primer embarazo, la placenta se había calcificado y ya no estaba pasando suficiente oxígeno. Recuerdo que al nacer no lloró, hasta que el pediatra limpió sus fosas nasales y lo incomodó, fue cuando soltó el llanto. No necesito incubadora, más de lo normal.

Recuerdo que la enfermera me dijo que lo llevaría al cunero durante la noche para que yo pudiera dormir y reponerme. Desde mi habitación escuchaba que en el cuarto de un lado había un bebe que lloraba muchísimo y dentro de mí decía "pobre mamá, que niño tan llorón le tocó". Cuando me llevaron a mi bebe, era todo lo contrario, calladito, bien portado, inmediatamente comenzó a comer de mi pecho, como si trajera un instructivo bajo el brazo, yo estaba feliz.

Max fue un bebe adorable, no batalle para nada, todo su desarrollo fue completamente normal: el levantar la cabeza, el seguimiento con la mirada, sus balbuceos, gateo poco, pero inmediatamente comenzó a dar sus primeros pasos, caminó al año.

A los 9 meses lo llevamos a su fotografía de estudio, y el joven que lo retrató me dijo al terminar "quiero más niños como su bebe" porque fue sumamente fácil hacerlo reír. Max era un bebe para comercial de televisión, completamente bello, tierno y carismático. Además de sano, porque comía de todo, frutas, verduras, carne, pescado, pollo, huevo, de todo. Sus mejillas rojas y rozagantes así lo dejaban ver.

Cuando comenzó con la andadera, pronto andaba como torbellino por toda la casa, tenía mucha fuerza en sus piernas y una gran energía. Recuerdo que un día fue a estamparse contra un espejo de pared y el espejo se cayó de lado y se quebró, gracias a Dios, no cayó de frente hacia el niño, pero así de fuerte era su caminar en la andadera.

Pronto la dejó y al año exacto comenzó a caminar y nadie lo paró, era muy inquieto, pero a la vez mesurado en las escaleras, aprendió rápido a bajarlas y subirlas; nunca tuvo un accidente.

Cuando tuve a Paloma, dejé de trabajar en la oficina y me dediqué a ellos, pero cuando Max tenía un año y ocho meses, tuve que volver a trabajar, por la cuestión económica de la familia, y a los niños los ingresé en una guardería. Para Paloma fue como entrar a un Parque de Diversiones, ella estaba fascinada de convivir con más niños, pero para Max siento que fue un retroceso.

Foto: Arte Manual de Max. Archivo Familiar

Capítulo 2

"Primeros Síntomas"

Los dos años de edad se conocen como "La Crisis de los dos años", es cuando los niños comienzan a explorar el mundo, se vuelven más autónomos e independientes, porque ya pueden caminar, correr, se desarrolla el habla, el control de esfínteres, dejan el biberón, comen de todo, es decir, su desarrollo se da a pasos agigantados en corto tiempo.

Y es precisamente en esta edad donde regularmente se presentan los primeros síntomas del Trastorno del Espectro Autista (TEA), porque tiene que ver con la comunicación, factor muy importante en el Espectro.

El primer foco rojo que presentó Max fue precisamente la ausencia de habla. Su banco de palabras se componía de las palabras "Ahí", "Agua", "Aquí", y con la ayuda de papá, pero fuera de esas 3 palabras no decía nada más. Y al llegar los 2 años y 3 meses, nada, ni siquiera esas 3 palabras.

Cuando quería algo, me tomaba de la mano, me llevaba a donde quería y me apuntaba con el dedo lo que deseaba, pero en silencio. Y solo hacía muchas "borucas", sonidos y voces sin un significado, que en un futuro se convertirían en "Ecolalia", que no es más que la repetición de diálogos que son escuchados.

En ocasiones no le entendíamos o no podíamos darle aquello que quería, y entonces se presentaban los "berrinches" muy peculiares a esta edad, pero que al presentarse tan constantemente y en una intensidad tan fuerte, se convierten en uno de los más notorios síntomas de TEA.

Al no conseguir aquello que pedía, Max comenzaba a gritar, patalear, a golpear a la persona que no le daba aquello, ya sea a mi o a Paloma, o alguna de sus tías, no importaba, quién fuera, él golpeaba; se tiraba al piso, continuaba pateando, y si lo quería levantar del suelo ponía el cuerpo flojo y pesado.

Recuerdo muy bien cuando íbamos al mercado, era una experiencia terrible, como si viviéramos un huracán. Lo tenía que subir al carrito donde se coloca el mandado, y alejarlo de los productos, porque bien podía alcanzar algo y lanzarse desde ahí para bajarse. En una ocasión se nos perdió por unos 3 minutos, no lo encontrábamos. Mi esposo, Paloma y yo lo buscamos por todos los pasillos, hasta que mi esposo lo encontró en donde estaban las pelotas de plástico.

Porque lo bajábamos del carrito y emprendía carrera a toda velocidad, no nos seguía, él seguía lo que quería ver o comer.

Algo muy característico en el mercado era que corría viendo con el rabo de los ojos todos los productos. Y al llegar a la caja, ahí venía lo más fuerte de todo, porque estaban los dulces que comúnmente ponen en las cajas, y el pasillo es muy estrecho, entonces comenzaba a agarrar todo lo que quería, y al quitárselos, comenzaba el berrinche, me pegaba, golpeaba a las personas, me desgreñaba, tiraba las cosas al piso, era en verdad una pesadilla toda la experiencia.

Otra característica de Max era que no jugaba, solo alineaba los carritos, tenía una caja llena de carritos pequeños y los formaba en fila y luego pasaba la mirada con el rabo de los ojos y los recorría diciendo borucas. Ese era su juego.

En una ocasión se enfermó de bronquitis y recuerdo verlo con sus ojitos llorosos y acumulando todos los juguetes en un cerro, en la esquina del cuarto, solo los aventaba todos y los apilaba, y se agarraba su cabeza.

Max después de ser un niño cachetón y muy bueno para comer, dejó de hacerlo, así como dejó de hablar, así dejó de comer, solo comía carne, manzanas, tortillas, atún puro y plátanos. Obviamente comenzó a adelgazar, era un niño muy flaquito a partir de los 2 años y medio.

Las piñatas eran otra ocasión donde se detonaban los síntomas en Max. Huía de los brincolines y del momento en el que se quebraban las piñatas, se escondía debajo de las mesas y se tapaba los oídos. El ruido lo trastornaba.

Al ir a la playa Max no podía tocar con sus pies, ni con sus manos la arena, se la pasaba encima de la toalla sentado, viendo a todos correr y mojarse con el agua del mar.

El corte de cabello y de uñas era otra lucha campal, cuerpo a cuerpo, tal cual, literalmente, yo tenía que sentarme con él, meter sus piernitas entre las mías y con mis brazos sujetar los suyos, para que el peluquero pudiera cortarle el cabello. Incluso en ocasiones también mi esposo sujetaba la cabeza para que no se moviera y que el peluquero no lo fuera a cortar. Éramos 3 personas para lograr un corte de cabello.

En las noches presentaba trastorno de sueño, se daba la hora de dormir y él se bajaba de su camita y vagaba por el dormitorio. Yo lo abrazaba y lo arrullaba en la mecedora tratando de que conciliara el sueño, y ahí nos daban las 12:00 de la noche o 1:00 de la mañana. En ocasiones me vencía el cansancio y yo me acostaba y lo dejaba caminar por la habitación, y de nuevo despertaba y lo volvía a arrullar, era en verdad desgastante.

Todo esto transcurría en nuestras vidas, sin saber qué era lo que pasaba con Max. Hasta que un día lo llevamos al Hospital Infantil de las Californias, en Tijuana, por una gripe, y la pediatra se dio cuenta de que no hablaba. Lo revisó y nos dijo que tenía el lingual pegado y nos refirió para que le programaran una cirugía.

El día de la cirugía, al colocarle la anestesia, tuvieron que llamar refuerzos porque golpeaba y pataleaba a todos, no dejaba que le pusieran la inyección. Duramos más tiempo tratando de inyectarlo que lo que duró la cirugía.

Posterior a la operación debía de tomar terapia de lenguaje para estimular su lengua, y ahí fue el parteaguas de nuestra historia, porque a la tercera sesión el psicólogo se dio por vencido, porque Max no lo escuchaba, no permanecía sentado, no seguía instrucciones, se golpeaba así mismo y al psicólogo. En fin, no se le podía dar ningún tipo de terapia, y entonces nos refirió con un neurólogo para ver qué era lo que sucedía con Max.

Foto: Dibujo "Mi Familia" por Max. Archivo Familiar

Capítulo 3

"Diagnóstico"

Durante el periodo de la cirugía de Max y después de la misma, tuve el acompañamiento muy cercano de mis hermanas, quienes, desde fuera ya habían notado que algo ocurría con mi niño y una de ellas conocía a la presidenta de una fundación de madres de familia de niños con Autismo, y me aconsejo que las visitara para darme una idea de qué neurólogo podría consultar.

Cuando uno se encuentra en ese mar incierto de dudas, entre "podrá ser que mi hijo tenga un trastorno mental o no, si será algo pasajero o permanente", es tan importante el acompañamiento de la familia o amigos que te orienten, que te contengan, que te escuchen, que acudan contigo a las consultas médicas. Porque lo que se avecinaba no era algo sencillo, y quienes están fuera del círculo familiar (esposo e hijos), pueden ver con más claridad, tranquilidad y objetividad lo que está sucediendo.

Ciertamente en la fundación encontré una neuróloga muy recomendada y con gran experiencia en niños y jóvenes con TEA. Acudimos mi esposo, Max y yo a la consulta. La doctora pidió que lo dejáramos en ropa interior solamente, lo revisó, y al sentarnos de nuevo para escuchar su diagnóstico fue algo imprecisa, nos dijo que Max tenía características muy parecidas a los niños con Autismo, pero que no eran tan marcadas. Yo sentía que daba muchas vueltas, hasta que le dije directamente: "Solo quiero saber si mi hijo tiene o no tiene Autismo", a mí no me importaban las características en ese momento, yo solo quería un SÍ o un NO. Y entonces pronunció las palabras que ningún padre quisiera escuchar: "SI, SU HIJO TIENE AUTISMO".

En esos momentos es tan fuerte escuchar el diagnóstico, que no sopesas TODO lo que conlleva, es demasiado para cargarlo y asimilarlo. Solo escuchas las recomendaciones del especialista, como si te hablara en otra dimensión, porque desconoces este mundo nuevo del que te hablan, y en el que ya has estado inmerso desde que tu hijo comenzó a presentar síntomas, pero ahora todo lo que has vivido tiene un nombre y sabes que será permanente, que no son los "terribles dos años", sino que será parte de toda la vida de tu hijo, tuya y de tu familia.

¿Por dónde comenzar a caminar?, ¿Cómo tratar a mi hijo?, ¿Algún día llegará a hablar? Son tantas las interrogantes, que sientes que el piso se te hunde.

La neuróloga, nos recomendó una escuela de educación especial privada y nos pidió que le hiciéramos un electroencefalograma. Nos dio muchos ánimos y nos remarcó algo que posteriormente lo escucharíamos de otros tantos especialistas y que ha sido la clave de todo lo que Max ha logrado hasta el día de hoy: "La detección fue muy a tiempo, y cuando esto sucede, los niños tienen una gran posibilidad de tener una vida adulta funcional, si se les atiende a corta edad".

Aunque en ese momento no me importaba la vida adulta de mi hijo, y tenía mucha confusión en mi mente y en mi corazón, si entendí algo muy claro: que se le debía de atender con los psicólogos y especialistas adecuados. Y eso fue lo que hicimos, a los 3 años Max ingreso a su escuelita de educación especial, para recibir todo lo que necesitara. Fuimos muy obedientes como padres, nos sentamos con la directora, trabajamos en conjunto para reforzar el diagnóstico, hicimos todo lo que nos indicaron. Sembramos y sembramos, sin descanso, y creo que todo lo que sucedió, y el cómo sucedió, fue lo mejor que nos pudo haber pasado: Un diagnóstico a tiempo, claro y correcto; un tratamiento de acuerdo al diagnóstico, preciso y direccionado a cada una de las áreas del TEA.

Nunca olvidaré ese día que salimos del consultorio los tres, con el corazón roto, la mente confundida, nuestro niño de la mano y un futuro incierto... una nueva vida nos esperaba.

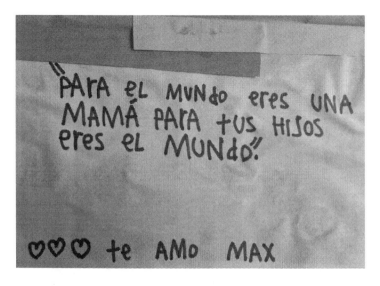

Foto: Tarjeta del Día de las Madres, por Max. Archivo Familiar

Capítulo 4

"Mamá en Duelo"

Después de recibir el diagnóstico, me enfoque en buscar toda la información disponible en internet sobre el TEA, me sume a los grupos de las redes sociales que manejaban este tema, y en la escuela de Max acudimos mi esposo y yo a todos los talleres y pláticas para papás.

Era tan inminente lo que debíamos hacer, que no nos dimos tiempo para concientizar y vivir abiertamente el duelo por la pérdida de un hijo que jamás tendríamos. Todas mis expectativas como madre se habían esfumado en un instante, tenía que enterrar y despedirme del hijo que yo había creado en mi mente, el niño que haría deporte, que estudiaría tal vez la carrera de su papá y sería un gran Arquitecto, el joven que tendría una bonita novia y se casaría, y tendría unos hermosos hijos. Todo lo que una mamá sueña ver realizado en sus hijos, yo no lo tendría. Para comenzar no sabía si mi hijo hablaría algún día.

Ocurrió una mañana que llegué a mi trabajo, y fui al baño, me miré al espejo y vi en mis ojos ese miedo, incertidumbre, tristeza, dolor, que no pude más y me solté llorando. Estaba en duelo y no lo sabía. En ese momento entró una compañera, como caída del cielo, con quien pude compartir mis sentimientos, y desahogar todo lo que cargaba, y ella me escucho y me hizo ver que Max estaría bien, si nosotros estábamos bien, y que no podía yo asegurar que nada de lo que esperaba de mi hijo sucedería, porque sólo Dios sabía lo que tenía preparado para nuestro hijo.

De nuevo, las redes de apoyo para los papás son muy importantes, para no volverte loca o loco. La familia, los vecinos, los compañeros de trabajo, los maestros, directores, los profesionales de la salud, todos tienen un papel muy importante en torno a un diagnóstico como lo es el TEA.

Yo compartí con todos el diagnóstico que recibimos, y al hablarlo sentía que poco a poco lo iba asimilando. Recibí todo tipo de comentarios: "ya lo habíamos notado", "y si buscan otro diagnóstico", "están seguros de que eso es lo que tiene", y otros muy buenos como "cuenten conmigo" "todo va a estar bien" "Max es un buen niño", "La detección fue muy a tiempo". En fin, cada persona lo recibe de diferente manera, pero lo importante no es la respuesta que recibes, sino el hecho de que tú como mamá lo estás expresando y con ello vas abriéndole el camino a tu hijo, para ser aceptado y recibido, primero por ti misma y después por los demás.

Porque sí cuesta, y cuesta mucho aceptarlo como mamá. Un día en terapia yo le compartía a la psicóloga la situación de un berrinche en la fila de la caja, en el supermercado y como las personas se le quedaban viendo de una manera despectiva a Max, y ella me confronto diciéndome: "¿por quién sentías pena? ¿Por ti o por él?", y mi respuesta fue "por él", y me dijo "¿por qué por él?, si él no se da cuenta, él está pensando en aquella cosa que no le compraste, él no se da cuenta de la forma despectiva en la que otros lo miran, ni siquiera sabe interpretar los sentimientos en el rostro de las otras personas. La verdad es que sientes pena por ti, te da vergüenza por ti, acepta tú primero a tu hijo, para que los demás aprendan a aceptarlo" Que gran enseñanza me dio esta psicóloga ese día, fue una bofetada para que yo despertara.

En esos primeros meses que nos dieron el diagnóstico recuerdo que fui a una de las reuniones de la fundación que me recomendó mi hermana, fue toda una experiencia. Las señoras muy platicadoras, contando su día a día, sus idas al mercado, sus relaciones personales, sus estados de depresión, sus "noviazgos", etc. Y yo dentro de mi pensaba "¿cómo pueden reír? y llevar una vida tan "normal" si tienen un hijo con Autismo". Yo no comprendía, porque estaba en duelo y mi vida estaba de cabeza. Tal vez yo esperaba un poco de empatía ante mi tristeza y dolor, o tal vez en el fondo buscaba una solución, una cura para mi hijo.

La psiquiatra Elisabeth Kübler-Ross en su teoría de las 5 etapas del duelo, publicada en el año 1969 en el libro "*On Death and Dying*", describe todo el proceso por el que atraviesa una persona que ha tenido una pérdida. Estas etapas no necesariamente se presentan en un orden, pero indudablemente todas se viven:

1- Negación. Considero que en este punto yo trataba de seguir mi vida, sin hacer un alto, el trabajo, la casa, las reuniones familiares, no quería aceptar que sí había perdido, había perdido todas mis expectativas de vida para mi hijo.

2- Ira. Este sentimiento brota de la frustración ante una realidad que es contraria a lo planeado. Claro que también sentía mucho enojo, rabia e impotencia, cuando se daban los lapsos de berrinches, cuando no podía dormir bien, cuando salía toda despeinada del supermercado; y desgraciadamente mi esposo y mi hija Paloma, así como Max, eran los receptores de esta rabia. Y tal vez aquí cabe la pregunta ¿Por qué yo?, ¿Por qué mi hijo?

3- <u>Negociación.</u> Querer cambiar la realidad. También pase por ello, buscando "curas milagrosas" para "curar a mi hijo del TEA". En internet te encuentras de todo, si, de todo, hasta "curas para el Autismo", principalmente a través de la alimentación, la desintoxicación, terapias alternativas, cámaras de oxigenación, etc. Pero no son más que eso: Negación de una realidad, ante una condición, que no es una enfermedad, y como no es una enfermedad, entonces tampoco tiene cura. El TEA es una condición y lo que requiere es aceptación, antes que nada.

4- <u>Depresión.</u> Vacío y crisis existencial. En mi se abrió una grieta llena de vacío, de tristeza, angustia y miedo. Personas que me conocieron entonces y me ven ahora, me dicen "que bien te ves, porque la verdad antes tenías una cara, que apenas podías con ella", y es cierto, me era difícil convivir, siempre estaba agotada, yo estaba al 100% con Max, no me sentaba en las reuniones, andaba detrás de él, yo no podía perderlo de vista NUNCA. La directora de su primera escuela me decía "tú y él son uno mismo, existe una conexión, que, aunque no existe habla, con la sola mirada se dicen todo". Me convertí en su sombra y me ensombrecí.

5- <u>Aceptación.</u> Aprender a vivir con la pérdida. Un buen día comprendí que mientras yo continuara en duelo, no ayudaría a mi hijo a ser funcional e independiente; no conocería al hijo que tenía frente a mí, y que era único e irremplazable; con CAPACIDADES DIFERENTES, que yo debía de conocer, aceptar e impulsar. Tenía que dejar mi papel de víctima, dejar de lamer mi herida para ayudar a mi hijo, porque, el que más mal la estaba pasando era él, no yo. Era él el que tenía Autismo y tenía que averiguárselas en la vida para sobrevivir y salir adelante.

Y cuando llegas a este quinto punto, ves la luz al final del túnel, y entonces te conviertes en la mejor aliada de tu hijo, y apuestas todo por él, y nadie te detiene como madre. Te conviertes en un trampolín para que él vuele y vuele muy lejos. Al fin, eso somos los padres de hijos con alguna condición especial y no especial. Somos facilitadores y formadores de mujeres y hombres de bien, y eso era lo único que yo tenía que hacer.

Foto: Trabajo Manual de Max. Archivo Familiar

Capítulo 5

"Aprendiendo del Mundo del Autismo"

Al entrar al mundo del Autismo, te vas empapando de los diferentes conceptos que se manejan, y podría citar el DSM (*Diagnostic and Statistical Manual of Mental Disorders*) es el Manual Diagnóstico y Estadístico de los Trastornos Mentales de la Asociación Americana de Psiquiatría y contiene descripciones, síntomas y otros criterios para diagnosticar trastornos mentales.

Pero lo que más deseo es explicar mi percepción como madre, de lo que yo he aprendido a través de la experiencia, de mi maestro Max y de los tantos profesionales que han ayudado a mi hijo.

El Autismo es una condición, en la que la persona que lo padece sufre alteraciones en varias áreas del desarrollo, sobre todo en la comunicación, y en la percepción del mundo y sus conceptos, lo cual afecta grandemente su interacción social. Sus sentidos están alterados. Todos en mayor o menor proporción. No existen dos personas con Autismo iguales en el mundo, por eso se le conoce como Trastorno del Espectro Autista, porque hay muchísima variación en la forma y la intensidad del trastorno.

Yo visualizo el Espectro, como una pista de atletismo con varios carriles, cada carril ocupa un sentido, y podemos pintar un carril de rojo hasta los 50 metros, y otro de amarillo hasta los 80 metros, y así cada carril referirá un sentido y la intensidad del trastorno en el mismo.

Ejemplifiquemos las alteraciones en los sentidos:

a). Vista: Max tiene memoria fotográfica, en cuestión de segundo puede memorizar una imagen, o descubrir diminutos objetos con solo un parpadeo. Recuerdo una caricatura de "Shrek", van galopando rápidamente por la ciudad de "Muy, muy lejano" para llegar a rescatar a "Fiona" que está en el Castillo, y de repente me dice Max "papas", y yo "no, no hay papas es Shrek", toma el control de la TV y le regresa hasta que llega a la escena donde se ve entre los negocios que están en la avenida de "Muy, muy lejano", un negocio con el logo de Burger King. Él lo había detectado, en una escena que dura milésimas de segundo. Aquí solo hago la aclaración, lo observado debe de ser de suma importancia e interés para ellos.

Otra característica muy común de los niños con Autismo es que no ven directamente a los ojos a las demás personas, no hacen un contacto visual.

b). Olfato: Al llevarse un alimento a la boca, primero debe de pasar por la nariz, si le gusta el olor lo prueba, de lo contrario lo rechaza.

c). Gusto: La mezcla de sabores no la soporta Max, así como las pulpas en las bebidas. Solo come carne y pollo, sin condimentos, ni salsas; tortilla, sopes con mantequilla, pizza, papas fritas, naranjas, manzanas, uvas y bananas. Últimamente ha ampliado su repertorio a salchichas o jamón con huevo, hot dog (puro pan y salchicha), bolillos, pastel sin betún, hamburguesas (solo pan y carne) y quesadillas. Aquí las texturas, sabores, olores y formas juegan un papel muy importante. Recuerdo un día que lo cuido mi hermana por unas horas, me dice muy preocupada "Max no quiere comer nada, ya le di una naranja y no se la quiso comer", le pregunto "¿cómo se la serviste?", responde "pues la pelee y la corte con el cuchillo", yo conociéndolo le digo "no, él solo se la come en gajos", y mientras platicábamos ella toma otra naranja, y se la da en gajos, y de repente muy sorprendida me dice "¡¡¡Ya se la está comiendo!!!!"

d). Tacto: en esta área, al igual que en el gusto, las texturas tienen todo que ver. Para Max las sustancias acuosas, aguadas no las soportaba de pequeño; la arena, el pegamento líquido. Era imposible lograr pintar su cara en eventos de la escuela, no lo permitía. Sin embargo, considero es el área donde menos alteración ha presentado y más fácilmente ha logrado superar. Siempre ha aceptado los abrazos, y el contacto físico, contrario a muchos de los niños con Autismo que no soportan el contacto físico, lo cual afecta en gran medida la cuestión social. Pero, por el contrario, tuvimos que trabajar con el exceso de abrazos, porque de niño abrazaba a desconocidos, lo cual lo ponía en una situación de alto riesgo.

e). Oído: Max no soporta los ruidos altos, y la gran mayoría de los niños con Autismo sufren también de esta condición auditiva. El motor de los brincolines, las licuadoras, la música, los cohetes, el ladrido de los perros, la secadora de cabello, la cortadora de pasto, son ejemplos de los sonidos que los afecta.

La lista de alteraciones podría crecer ampliamente: Falta de habla, andar de puntillas, girar los ojos, no ver directamente a los ojos, agitar los dedos, indiferencia hacia los gestos de los demás, ecolalia (repetición de frases o palabras), no imitan, ni entienden gestos, se les dificulta entender o mostrar emociones, no perciben el peligro, problemas con la comida y el sueño, miedo extremo por sonidos fuertes, risas sin motivo aparente, no reaccionan a su nombre, rabietas, autolesiones, no existe el juego creativo, muy poca imaginación, fascinación por objetos que giran (ventilador, llantas), arañar, golpear o chupar superficies, interés exagerado por temas muy concretos, dificultad para aceptar cambios y salir de rutinas, insensibilidad al dolor o sensibilidad exagerada, no demuestran interés por otros niños, no juegan con niños.

En cuanto a su pensamiento o interpretación del mundo, todo lo interpretan literalmente, no entienden el doble sentido, son muy correctos al hablar, tienen una gran capacidad para retener información, pero siempre y cuando sea de su interés; poca o nula imaginación, por ello en el juego no hay creatividad. Todos estos factores hacen que su socialización sea muy reducida.

Desmitificando algunas percepciones de quienes opinan que las personas con Autismo se encierran en sí mismas y no sienten, ni se dan cuenta de lo que sucede a su alrededor, es todo lo contrario. Como hemos visto hasta aquí los sentidos están alterados y tienen una mayor sensibilidad que el grueso de los seres humanos, es decir que son más sensibles y perceptivos que las personas típicas, pero como la comunicación está limitada, no pueden expresar todo lo que ellos experimentan en su interior, y lo mucho que el exterior les afecta por su misma sensibilidad.

Un día Max me llevo de la mano a donde estaban los dulces, y me señaló las paletas; yo tomé una y se la di, pero él siguió insistiendo que quería otra, y yo le dije "no te puedo dar más", después de una buena rabieta, terminé cediendo y le di una paleta más. Él la tomó y se fue. Después de un rato bajo a la sala donde dormía mi hija Paloma, en el sillón, y veo que le había puesto una de las paletas a Paloma, justo al lado de su cara. Yo me estremecí de la ternura y el gesto que había tenido Max, tendría unos 2 años y medio cuando hizo esto. No había lenguaje, pero sí había sentimientos de empatía, que mostraban un gran corazón e interés por su hermana.

Foto: Tarjeta Día de las Madres, por Max. Archivo Escolar.

Capítulo 6

"Mi hijo no repetirá año"

Al entrar Max a su primera escuela de educación especial le hicieron una valoración, acudimos mi esposo y yo a 10 sesiones donde nos enseñaron cómo debíamos de trabajar con Max en casa. Comenzó desde el nivel 1, y fue subiendo, uno a uno.

Los grupos estaban divididos por área: Conductual, Motricidad, Sensorial. Les daban Lenguaje, Música, Degustación de Alimentos, para estimular el sentido del gusto, y el último nivel era el Salón Montessori, donde trabajaban el nivel de Preescolar.

Estuvo en esta escuela de los 3 a los 6 años, aprendió a permanecer sentado, a seguir instrucciones, a trabajar con materiales, los hacían tocar varias texturas, para estimular el tacto, tocaban instrumentos como el tambor y hacían que ellos los tocaran para ir perdiendo el miedo a los sonidos altos. Puedo decir que todo se concentraba en estimular los sentidos y limar su conducta, trabajar con las rabietas fue de lo más complicado, al igual que el control de esfínteres, que pudo lograrlo alrededor de los 5 años.

Cada semestre le hacían evaluaciones y nos llamaban para revisarla juntos, papás y maestros. Todo iba avanzando en Max, lentamente, pero iba respondiendo en todos los niveles, sin embargo, el lenguaje no se lograba concretar. Hasta que en el último año la directora nos dijo "yo sé que Max va hablar, porque tiene muchas referencias de comunicación no verbal, pero no puedo darles un tiempo, puede ser en un año, en dos o en cinco, no puedo asegurárselos".

Fue entonces que nos sugirió buscar terapia de lenguaje extra a la de la escuela. Así llegamos a FANE, una *Fundación de Apoyo para Niños Especiales AC*. El llevar a Max a esta terapia marcó una gran diferencia, porque apresuró la adquisición del lenguaje verbal de nuestro hijo. Aunque la terapeuta fue muy clara, el hecho de que Max vaya adquiriendo lenguaje no quiere decir que vaya hablar como todos los niños, él tendrá un lenguaje desde el TEA". Y así fue.

Trabajamos en casa con una carpeta y en cada sesión la psicóloga nos dejaba tarea de recortar y pegar cosas por colores, por grupos familiares, como todo lo de la cocina: ollas, tenedores, cucharas, etc.; frutas, verduras, ropa, integrantes de la familia, etc. Fue un trabajo en equipo, minucioso, todos trabajábamos la carpeta con Max, yo, mi esposo y mi hija. La verdad si me preguntaran cuándo inició a hablar, no sabría dar una fecha, cuando menos lo pensamos Max ya estaba diciendo Palabras, luego frases cortas, y después se desbordo todo el lenguaje, sin darnos cuenta. Creo que en un lapso de 2 años Max ya se comunicaba verbalmente.

Lo importante de la comunicación es que exista la intención en el niño de hacerlo, y todos los recursos son importantes, las señas, el mostrarte los objetos, el que tú le repitas una y otra vez el nombre de los objetos, de las personas, los modales sociales, como el "gracias", "por favor". Pero sobre todo que se sigan los pasos 1, 2 y 3, no podemos hablar de terapia, si el niño no permanece sentado, si su conducta no lo permite. Por ello antes del lenguaje se deben madurar las áreas conductuales, y cuando llegue el momento todo fluirá poco a poco, como el río que comienza a correr después de una lluvia torrencial que comenzó en llovizna y poco a poco fue creciendo.

De igual manera ocurrió con el control de esfínteres, Max tenía mucho miedo al inodoro, el sonido del agua cuando lo bajábamos a la cadena para que cayera el agua no lo soportaba. No quería ni sentarse. Intenté muchas estrategias, hasta que en algún lugar leí que el contarle cuentos mientras lo sentábamos para entrenarlo daba resultados, y lo hice. Nos tapábamos con una toalla del baño, y yo le inventaba historias sobre la popo, que debíamos dejarla salir, y platicábamos con ella, y la poco quería salir para irse a su casita, y cuando salía un gas, le hacía fiesta y le aplaudía, porque ya mero salía la popo.

Recuerdo que el gran día ocurrió en una fiesta de una amiguita de Paloma, lo llevé al baño, lo senté, hicimos el mismo ritual de platicar con la popo, y salió, Max se paró, la vio y juntos le dijimos adiós, y nos abrazamos y gritamos de felicidad. Salimos al patio donde estaba la fiesta y Max gritaba a todos "¡Ya hice popo, ya lo hice!". ¡¡Ese fue un gran día, un gran logro de nuestro hijo!!!

Cuando Max termino todos los niveles, llegó al salón de Montessori, y lo hizo muy bien, la maestra, en su última evaluación me dijo que el mérito era completamente de Max, que ella observaba su esfuerzo y que gracias a ello había logrado terminar satisfactoriamente el curso.

Pero al acudir con la directora, le pregunté ¿Y ahora qué sigue para mi hijo?, y me sugirió que volviera a repetir el curso de Montessori para reafirmar los aprendizajes. Y obviamente dije "NO", "Mi hijo no repetirá curso". Si Max estaba demostrando la capacidad de subir uno a uno los niveles y ya había llegado al máximo nivel en esa escuela, era momento de partir y buscar un nuevo horizonte para él, no permitiría que lo estancaran, ni que le hicieran perder tiempo.

Esto es algo muy importante que como padres debemos de estar completamente involucrados en el desempeño de nuestros hijos y en los planes de estudio y su cumplimiento. Porque me ocurrió cuando estaba en la guardería. Al inscribirlo en su escuelita me pidieron que en la guardería llenarán un cuestionario para que expresaran si su cuidadora había observado alguna característica peculiar en Max. En el reporte describió varias características, como el hecho de que no convivía con otros niños, que se metía debajo de las mesas, que no quería comer lo que le daban, etc. Siendo que yo a los 2 años ya le había preguntado si observaba algo diferente en Max y me había dicho que no.

Por desgracia en muchas instituciones, tanto públicas como privadas, su interés es el de mantener una matrícula más, aunque el niño no reciba beneficios, ni avances en su formación. Es algo muy triste.

Foto: Dibujo de Robin, por Max. Archivo Familiar

Capítulo 7

"Pertenecer a una Comunidad"

La búsqueda de escuelas para un niño con Autismo es una labor que amerita tiempo, escrutinio, investigación; y poner en la balanza muchos factores como la preparación de los profesionales, la experiencia en trabajar con niños con TEA, la validez oficial de los estudios, lo terapéutico, los costos, la distancia de la escuela a la casa, los horarios, todo tiene que ver.

Pero un factor muy importante es el que los niños encuentren una Comunidad de amigos y compañeros, con la cual ir creciendo. Un grupo de iguales, con quienes se sientan identificados, y donde ellos tengan un sentido de pertenencia.

Después de recorrer varias escuelas encontré la más adecuada para Max. La escuela era de Educación Especial, pero estaba incorporada a la Secretaría de Educación Pública, con lo cual todos sus estudios de Primaria serían avalados y al terminar recibiría su certificado. Como lo inscribimos a los 6 años, entró a primer grado de primaria directamente.

Llevaría las materias de la SEP, más todo lo terapéutico, aquí me dijeron que no necesitaba tomar clases extras de lenguaje, todo se lo darían ahí. Me gustaba mucho que hacían honores a la bandera, llevaban todo el calendario del Sistema Escolar, celebraban todas las fechas de conmemoración cívicas.

Como todo escolar llevaba su mochila, su lonchera, un cuaderno por materia, y un diario, donde cada día escribíamos tanto el maestro, como los papás, el estado de ánimo del alumno, si había tenido rabietas, su alimentación, su sueño, sus actividades motrices, su aseo personal, y la tarea.

Los papás también recibimos cursos sobre el TEA, sobre cómo trabajar con ellos en casa, sobre su futuro, como los seguros de vida, la vida adulta, etc. La misma escuela también tenía secundaria, así es que le esperaba un buen número de años a Max en esta escuela, si lograba adaptarse.

Los primeros tres años de Max en la escuela primaria fue adaptación, llegaba, iba a dejar su mochila y se sentaba en el patio en un escalón, calladito, sin convivir con nadie. Las maestras referían una muy buena conducta por parte de Max, decían que era un niño muy bien portado. Y poco a poco fue haciendo amigos a sus compañeros de salón: Esteban, Leo, Luis, Jeshua, Iván y Rosario. Había encontrado su Comunidad.

Foto: Tarjeta del Día de la Amistad, por Max. Archivo Familiar.

Capítulo 8

"Como Pez en el Agua"

Max logró adaptarse completamente a su vida escolar, ya convivía con sus amigos, lo invitaban a las piñatas fuera de la escuela, lo veíamos desarrollarse en un ambiente adecuado y sus cambios se daban a pasos más rápidos.

Desde el momento en que Max logró controlar todo lo conductual, el área social se abrió a su paso, de una manera inimaginable, hasta llegar a convertirse en el más popular de toda la escuela.

Entre 4 y 6 grado de Primaria, a Max le gustaba mucho una serie llamada *"Capitán Calzoncillos"*, donde los personajes son dos niños que hacen cómics en su casa del árbol, y el personaje principal de estos cómics es el superhéroe llamado *"Capitán Calzoncillos"*, personificado por el director de su escuela. Y bien, pues a muchos niños de la escuela les gustaba esta serie también, y Max comenzó a hacer los comics en hojas blancas. Se sentaba frente a la TV e iba pausando en cada escena, para ir dibujando los mismos cómics que los niños de la serie hacían. Hizo alrededor de unos 50 Comics, y los llevaba a todas partes. En la escuela fue la fascinación, se volvió el más popular.

Un día estaban en el ensayo de su obra de teatro que realizan cada año al final del curso escolar, y todos estaban en el patio. Llegamos mi hija y yo, tocamos el timbre, dimos el nombre de Max y solo escuchamos que Max dijo con su vocecita "Adiós", y toda la escuela al unísono le dijo "Bye Max, Adiós". Tanta era su popularidad. Se conducía en la escuela "Como pez en el agua".

Cuando se subía al carro, me decía "Amo mi escuela mamá", eso era música para mis oídos, escuchar su felicidad, el sano desarrollo que estaba llevando ahí, era como tocar el cielo. Y los comentarios que recibimos de la familia y amigos constataban los cambios que Max iba presentando, nos decían "Cómo ha cambiado Max", "¿Qué hicieron?".

Nosotros no habíamos hecho nada más que obedecer, aprender, aplicar las recomendaciones de los terapeutas y maestros; buscar el mejor lugar donde él se sintiera a gusto y donde le ofrecieran las herramientas para ser un niño funcional. Pero todo esto lo hace cualquier papá, el gran mérito fue y siempre será de Max.

Al cumplir los 9 años, dije es tiempo de que conviva con niños regulares, y lo inscribí junto con mi hija al Plan Vacacional de la ciudad de Rosarito, donde vivimos. Es un campamento para niños desde los 6 hasta los 14 años de edad, en una unidad deportiva, donde realizan todo tipo de actividades recreativas y deportivas, durante las vacaciones de verano.

Mi esposo se oponía, tenía miedo de que no lo cuidaran bien, de los chicos adolescentes, de la alberca, etc. Pero dentro de mí había tal confianza y seguridad en Max, que dije "ya es tiempo", mi intuición de madre de nuevo dijo "mi hijo no se estancara". Le prometí a mi esposo que hablaría con los del campamento, explicaría su condición y me quedaría por momentos para verlo desde la reja.

Su experiencia fue todo un éxito, Max de nuevo se adaptó, y al tercer día que lo recogí ya tenía un amigo. Y de todas las actividades que hizo, la que más le gustó fue natación, por lo que lo inscribí a clases extras en la tarde para que aprendiera a nadar.

Mi hija Paloma siempre estuvo en Campamentos de Verano, y ahí había aprendido a nadar desde los 3 años, y cuando íbamos a las albercas ella era una sirena, nadaba y se divertía echándose clavados, mientras que Max recorría la alberca por toda la orilla, sin soltarse, porque él no sabía nadar.

Pues en estas clases extras aprendió rápidamente a nadar, y después lo lleve a clases a la ciudad de Tijuana, en una alberca semiolímpica, donde aprendió los diferentes estilos de nado. Ahora sí era literalmente "un pez en el agua".

Fotos: Campamento de Verano 2018 y 2019. Max en competencia de Natación. Archivo Familiar

Capítulo 9

"Cada avance es un logro"

En ocasiones cometemos un gran error como papás, y es el comparar a tu hijo, ya sea que tenga una condición especial o no. Yo no podía comparar a mi hijo con niños regulares, pero sí podía medir su crecimiento en base a él mismo. Había aprendizajes que duraba mucho para lograr asimilar, pero cuando menos lo esperábamos daba el salto y tenía grandes avances.

Las matemáticas siempre han sido sus preferidas, contrario a la lectura, de hecho, esta área nos hizo sufrir mucho, porque yo llegué a creer en un momento que terminaría la primaria y saldría sin saber leer, mientras que sus demás compañeros ya lo hacían desde tercer y cuarto grado.

El método que enseñaban en la escuela era el global, es decir, aprender a leer la palabra completa, pero a Max no le funcionaba. Paso cuarto, y casi al final de quinto grado dije "tengo que hacer algo", y consulte con una sobrina que es maestra de primaria, le pedí que me recomendara un libro con el método silábico. Lo imprimí, lo engargolé con una pasta roja (color preferido de Max) y comencé a trabajarlo por las tardes con él, todos los días sin parar, hasta que logró el aprendizaje en el último mes de quinto grado.

Max me decía "me encanta el libro rojo", y de ahí me agarre. Es fascinante como tú hijo te convierte en maestra, ésta fue la antesala para el tiempo de Pandemia, que nos tocó ser maestros de tiempo completo en casa.

Tanto la natación como la lectura, eran para mí, cuestiones básicas y de sobrevivencia para mi hijo, y considero han sido avances que están enmarcados como sus grandes logros. Tal vez para chicos regulares esto sea algo normal, pero para los chicos especiales cada pequeño logro es un gran triunfo.

Pero, yo sin saberlo, había algo más que marcaría el futuro de mi hijo. Algo que lo ha aprendido no para sobrevivir, sino por gusto y placer. Lo que más le ha apasionado a Max, desde los 4 años de edad, son los Legos. Siempre armo Legos con un rango de dificultad mayor a su edad.

Sin embargo, éstos solo fueron una preparación para su posible profesión en la vida adulta, como me lo dijo en una ocasión la directora de la escuela.

Un día en la escuela un maestro llevó al grupo de Max un Robot, que se movía y hablaba con ellos, era un trabajo de estudiantes del Instituto Tecnológico de Tijuana, lo habían diseñado para medir las respuestas de los niños con Autismo y su interacción. Ese día cuando recogí a Max, no cabía de la emoción, me platico todo, muy entusiasmado, y me dijo "mamá quiero que me compres un robot como ese" y yo le dije "no, yo no te lo compraré, tú lo vas a construir algún día".

Foto: Pintura de "La Noche Estrellada" de Van Gogh, por Max.
Archivo Familiar

Capítulo 10

"Robótica"

Las personas con Autismo tienen preferencias muy marcadas hacia temas concretos, y se convierten en especialistas en los mismos. Para Max esta área se llama Robótica.

Cuando vi su gran interés por el robot que llevaron a la escuela, me di a la tarea de buscar una academia de robótica infantil para él, pero en la mayoría pedían que supiera realizar ecuaciones matemáticas con cierto grado de dificultad. Hasta que encontré una academia inclusiva y con manuales de imágenes, tal cual armaba los Legos. Acudió a un día de prueba y salió fascinado, el maestro me dijo que había trabajado sin problemas, incluso había terminado su robot más rápido que el resto de los niños.

Su incursión en esta academia, se vio reflejada en la escuela. Su convivencia, participación, autoestima y seguridad en sí mismo se fortalecieron. La directora me lo hizo saber en la evaluación "Max es otro niño, es un antes y un después de la robótica".

En una ocasión lo invitaron a participar en un curso de forma gratuita, por parte del Ayuntamiento de Rosarito. Lo estuve llevando por 2 meses, los días sábados, y al terminar el curso hicieron una presentación y concurso de robots. Ocurrió que su robot fue uno de los ganadores, y al final del evento lo entrevistaron por parte de la prensa, y su entrevista fue parte de un video promocional del mismo Ayuntamiento.

Sin embargo, su pasión va más allá de hacer robots para ganar peleas. Un día íbamos en el carro, él y yo, rumbo a la clase de natación, Max iba en el asiento de atrás del carro, comiendo, cuando de repente me dice muy asombrado "¡Mamá mira!", y yo me asusté, y le dije "¡¿Qué hijo, ¿¡qué pasó!?, y me dice "¡Ese señor, no tiene un brazo!, ¿¡qué le pasó!? Era un señor que vendía dulces en la calle y uno de sus brazos llegaba hasta su codo. Yo le expliqué que tal vez se había lastimado su mano y tuvieron que cortarla, o que tal vez había nacido así. Max guardó silencio un rato, y luego me dijo "Cuando sea grande yo le haré un brazo de robot".

Su comentario lo llevo en mi corazón desde ese día, y sueño con poder apoyar a mi hijo para que realice sus ideas y propósitos. El Autismo tiene cualidades que hacen de las personas grandes seres humanos, por su sensibilidad e inteligencia. Son capaces de ver más allá de cualquier situación. Y es sumamente importante que como padres apoyemos esas capacidades diferentes, que los pueden llevar a tener una vida independiente, realizando importantes aportaciones a la sociedad.

Fotos: Max apasionado por los Legos. Archivo Familiar.

Capítulo 11

"Bienvenida Adolescencia"

Cuando Max estaba en quinto grado de primaria, tendría 10 años de edad, en su escuela hicieron un evento para recaudar fondos y otorgar becas a otros niños, y realizar mejoras en las instalaciones del plantel. Todo se transmitió por un canal en redes sociales, y el locutor y conductor del evento también era papá de un joven con Autismo, y cuando entrevistó a los chicos del grupo de Max, hizo un comentario que se me quedó muy grabado en la mente "papás prepárense para cuando estos niños entren a la adolescencia, ahí los quiero ver, porque ahorita creen que ya la hicieron, que ya pasaron lo peor de la infancia, pero no saben lo que les espera con la adolescencia"

Voz de profeta tenía este locutor, porque ciertamente, en la adolescencia se potencializa el TEA en los chicos, es decir, todo lo que un chico regular vive y sufre en esta etapa, los adolescentes con autismo lo viven a la quinta potencia.

Max en primero de secundaria comenzó con la rebeldía, la flojera, ya no quería nadar, ya no quería entrar a clases, cualquiera observación de la maestra le molestaba, no quería levantarse temprano, de todo renegaba, siempre estaba de mal humor, retaba a mi esposo con palabras como "tu no me mandas", etc., etc.

Hasta el día de hoy yo no he hablado con Max sobre su condición, nunca hemos hablado de lo que es el Autismo, ni por qué él va a otra escuela, distinta a la de su hermana. Y fue hasta entrada la adolescencia que comenzó a darse cuenta y externar las diferencias entre él y sus compañeros de escuela, me decía "mis compañeros están locos", "no dejan de tocarme, de repetir las mismas palabras, no me dejan escuchar al maestro, solo hablan del mismo tema". Y ya no quería ir a la escuela.

Duramos un año en una lucha, porque ya no quería ir, ni pertenecer a la comunidad que lo había acogido durante su niñez, estaba quebrando el cascarón y quería volar a otro ambiente.

De nuevo comenzamos la búsqueda de otra escuela. Mi esposo y yo analizamos la situación y veíamos que no podíamos llevarlo a una escuela regular, porque no tenía el nivel académico, ahí se lo iban a comer los adolescentes neurotípicos. Pero tampoco podíamos obligarlo a seguir en la escuela de educación especial, debíamos encontrar un punto medio.

Y lo encontramos, es un Programa con incorporación a una institución de Estados Unidos, que certifica a través de productos y evidencias, de los trabajos que realizan los estudiantes. Es una aldea donde los enseñan a aprender, a ser autodidactas, a preguntar, cuestionar, expresar y crear. Son inclusivos, y hay adolescentes con y sin diagnóstico, grupos reducidos y trabajan por proyectos, promueven mucho la lectura, la investigación, la experimentación, el arte, la actividad física y el trabajo en equipo. No llevan libros, ni cuadernos, todo lo trabajan de forma digital.

Lo mejor de todo es que entran a las 10:00 a.m. salen a las 4:00 p.m., horario para adolescentes.

Max está feliz en su nueva escuela, comenzando una nueva historia, creando una nueva comunidad, el primer semestre le costó un poco de trabajo la socialización, pero este año sus amigos cercanos se incorporaron a la misma escuela y eso le ayudó mucho abrirse a nuevas amistades, a sentirse de nuevo seguro y acogido.

Ahora tiene 14 años, viste de negro, como todo adolescente, me dice "quiero verme 'cool' mamá, para ser popular", mide 1.78 mts., esta alto y fornido, cuida su estilo de cabello para verse a la moda, tiene hambre de encajar, de pertenecer, de sentirse incluido.

En casa es de gran ayuda para mi esposo, carga y descargas materiales de construcción, en la cocina lava trastes, pone la mesa, hace el agua de sabor, hace palomitas en la olla (no usamos microondas por salud), se cocina su propia carne, la descongela, prende la lumbre, la voltea, la cuida hasta que está en su punto. Come con tenedor y cuchillo. Tira las basuras, trapea, limpia la popo de la perrita, tiende su cama, hace los pares de los calcetines, dobla las toallas; va al cine con su hermana, los dejo en la entrada del cine y los recojo a la salida. En la tienda de la colonia lo dejo que se baje él solo y compre, él paga y cuenta el dinero, tiene su propia billetera. Conforme va creciendo se va haciendo más y más funcional, y autónomo, así es que ¡Bienvenida Adolescencia!

Foto: Pintura "La Lección" de Picasso, por Max. Archivo Familiar.

Capítulo 12

"Agua de Limón para Max"

En una ocasión su abuelita le hizo agua de limón, con limones naturales a Max, y sabiendo que no le gustaban las pulpas de las frutas, le dijo "mira ven, te voy a enseñar cómo puedes tomar agua de frutas, para que tu mamá te la haga en tu casa" y tomó un colador y le sirvió un vaso con agua libre de pulpa, Max la probó y le encanto.

En esta época Max comenzaba a hablar, no era muy amplio su vocabulario. Ocurrió que lo deje con tres de mis sobrinos y Paloma en una pijamada, e hicieron agua de limón natural, y Max al ver que exprimían los limones les dijo, haciendo una señal con el dedo, "agua" (marcaba una línea recta) "de limón" (hacia un círculo).

Al hacerles la señal los llevaba a la cocina para que abrieran la alacena y los cajones, buscaba y buscaba, pero no sabía explicarles qué era lo que buscaba. Duraron mucho tiempo y no lograban entender qué era lo que quería, si el agua de limón ya estaba hecha. Y él no encontraba el instrumento que necesitaba para poder tomar el agua.

Hasta que, después de mucho buscar, encontró en uno de los cajones el colador, para quitarle la pulpa y poder tomar el agua de limón. Eso era lo que necesitaba y que no sabía cómo se llamaba, pero sí para qué servía.

Ya que vieron el colador, mis sobrinos entendieron por qué hacía la forma con el dedo de una línea y luego un círculo. Se los estaba dibujando, dibujaba la forma del colador. Los niños con Autismo son 100% visuales, necesitan imágenes, guardan imágenes, entienden y se comunican a través de imágenes, más que con palabras y conceptos.

La vida como madre de un niño con autismo ha sido como esa agua de limón, amarga al principio, pero dulce después, cuando Max logró una mayor adaptación y control de sus sentidos alterados; y no se diga cuando adquirió el lenguaje.

El agua de limón trae la pulpa de los gajos, que son intolerantes para el sentido del gusto de Max. Así eran también mis miedos, mi conmiseración, mi victimización, mi negación como madre, había que quitarlos de en medio, para que Max fluyera como el agua pura.

Lo transparente y la frescura del agua, es el alma de Max, es un niño limpio, con sentimientos buenos y llenos de amor. El año pasado hizo su Primera Comunión y en este momento está tomando sus clases de Doctrina, para hacer su Confirmación, y vamos a Misa los domingos, donde canta y ora, y participa como todos. Es un adolescente con una bella inocencia, amable, amoroso, acomedido, preocupado por los demás, un caballero que me abre la puerta del carro, que ama las reuniones familiares, y que no sabe mentir. Cuando me abraza y me dice "Dios te bendiga mamá", siento que me eleva hasta el cielo, y soy la mamá más dichosa del mundo.

Las semillas de los limones son esa gran aportación que Max hace a nuestra familia, y que ha dado frutos. Para mí es mi maestro de la paciencia. Max ha sacado de mi interior ese gran don de contar hasta mil, ante una rabieta, de abrazarlo en medio de una crisis con golpes y gritos, de llorar en silencio cuando mis nervios estaban de punta, de levantarme cuando estaba agotadísima, de correr aún con tacones, para alcanzarlo; de seguir despierta, aunque mis ojos se cerraban de sueño, para esperar que él durmiera. Sin duda me ha enseñado el don de la paciencia.

Pocas aguas de frutas quitan la sed, como un agua de limón bien fresca, y Max ha llenado en mí esa sed que yo tenía como mamá, de tener un hijo varón, con tantas expectativas al principio, y que después hice a un lado para ver y reconocer a mi hijo. Sin embargo, hoy puedo decir que esas expectativas eran comunes y corrientes, y que han sido completamente rebasadas, con la gran y extraordinaria experiencia de tener un hijo con Autismo, ha sido una aventura que no cambio por nada. Porque cada mínimo logro de adaptación, lo he disfrutado al máximo. Max siempre ha superado toda expectativa y sé que lo que se proponga en la vida lo logrará.

El Autismo tiene cualidades insospechadas, y sé que no dejará de sorprenderme, y yo no dejaré de apoyarlo y de seguir apostando por él.

Hoy comprendo a las mamás de aquella Asociación que visite al principio del diagnóstico. Hoy puedo reír como ellas, despreocuparme en una reunión y disfrutar de la plática, llevarlo conmigo o dejarlo en casa con Paloma, en una tarde de hermanos, mientras mi esposo y yo tenemos una cita; o puedo dejarlo con mi esposo por una semana, mientras yo y Paloma viajamos. Hoy podemos cosechar lo que sembramos en su niñez.

Ese vaso donde se sirve el agua de limón, lo representamos mi esposo, Paloma y yo, su familia. Somos su soporte, su hogar, sus maestros, sus guías y sus cuidadores. No podemos rompernos, ni darnos el permiso de ser frágiles, porque entonces el agua se derramará y se desperdiciará. Y tal vez es la misma agua la que hace que el vaso no se rompa, porque Max siempre se preocupa por todos, y nos quiere unidos, sanos y felices.

No sabemos el futuro que le depara a Max, pero sí sabemos que hoy estamos construyendo y trabajando para que ese futuro sea bueno. No podemos darnos el permiso de preocuparnos, nos ocupamos en acercarle y facilitarle las herramientas que necesita para tener una vida lo más independiente posible, en la medida de nuestras capacidades humanas. Para que siga fluyendo como esa agua de limón, llevando frescura y dulzura a los demás, a través de su alegría y amor... y por qué no, hasta un brazo robótico para el que lo necesite. Veamos cuán lejos puede llegar.

Foto: Dibujo de Limón Amarillo, por Max. Archivo Familiar.

10 cosas que debes saber de mí...

1.- Lo más importante y, ante todo, soy un **NIÑO**.

2.- Mis percepciones sensoriales están **DESORGANIZADAS**.

3.- Por favor, acuérdate de diferenciar el "no quiero" del **"NO CONSIGO"**.

4.- Pienso concretamente. Esto significa que interpreto todo **LITERALMENTE**.

5.- Por favor, se paciente con mi **VOCABULARIO** limitado.

6.- Como el lenguaje es muy difícil para mí, me oriento mucho por la **VISIÓN**.

7.- Por favor, prioriza y busca construir desde lo que **PUEDO** hacer **MÁS**, que aquello que no puedo hacer.

8.- Ayúdame con las actuaciones **SOCIALES**.

9.- Intenta identificar lo que inicia mis **EXPLOSIONES**.

10.- **AYUDAME** incondicionalmente. No elegí tener Autismo, pero está ocurriendo conmigo y no contigo.

Sin tu ayuda, mis oportunidades de éxito y vida adulta **INDEPENDIENTE** *son bajas.*

Con tu apoyo y orientación las oportunidades son mayores de lo que imaginas.

TE PROMETO QUE VALGO LA PENA.

Y, para terminar, tres palabras: **PACIENCIA, PACIENCIA y PACIENCIA.**

Busca ver mi Autismo más como una **habilidad diversificada** *que una deficiencia. Haz la revisión sobre qué comprendes como limitaciones y descubre las cualidades que el Autismo me trajo.*

Todo en lo que puedo transformarme no ocurrirá sin ti, como mi base. Sé mi **DEFENSOR**, *mi* **AMIGO**, *y veremos donde lejos consigo llegar.*

(Texto tomado en internet. Todos los derechos a su autor)

NOTA: Este texto lo encontré al inicio del diagnóstico y ha estado pegado en mi refrigerador desde entonces, para recordarme mi papel como mamá de Max.

A mi hija Paloma...

Sé que ser hermana de un niño especial, con un Trastorno, como lo es el Autismo, no ha sido fácil...

Veo tu carita llorando, molesta, irritable, cuando apenas estaba embarazada, y tú con solo un año de edad.

Veo tu desconcierto cuando te escondías en el ropero y le decías "¡Max búscame!", queriendo jugar con él a las escondidas, pero él no se inmutaba, y no jugaba contigo.

Veo cómo te cubres tu cara para que no te pegue, en medio de sus rabietas.

Veo tus crisis tapándote tus oídos cuando hacia sus berrinches y gritaba en el carro.

Veo tu estrés y ansiedad de niña y de adolescente.

Veo tu deseo de convivir y de tener un hermano (a) con quien compartir tu vida, con quien jugar, reír y divertirte.

Veo tu soledad.

Y también te escucho... "ya no lo aguanto", "me siento sola", "es un mimado".

Créeme que te entiendo mi niña, y tal como lo hice cuando supe que estaba embarazada de Max, y te vi durmiendo en tu cuna, me acerqué y te dije "perdóname Palomita por hacerte esto", hoy también te pido perdón hija, por las heridas que pude haber causado en tu corazón al abocarme de lleno en la educación de Max. Tú siempre has sido tan buena niña, desde que eras una bebe, y al verlo a él con tantas necesidades, te dejé de lado inconscientemente, o tal vez así te lo hice sentir.

Hoy quiero que sepas que TÚ TAMBIEN ERES ESPECIAL, simplemente porque eres mi hija, eres una jovencita tan llena de talentos, siempre lo has sido; pero sobre todo tienes un alma hermosa, llena de luz, de amor, eres una guerrera, desde mi vientre así lo demostraste.

No eres menos importante para mí, por el contrario, me siento sumamente orgullosa de la hija que tengo, y no sabes cuánto disfruto de tu compañía, de la paz que me llena al platicar contigo, al recorrer los centros comerciales, al comernos una nieve, al ir a la playa, al ver una serie coreana. Tú eres esa parte de cielo que me tocó.

Quiero que sepas que, así como nosotros somos papás especiales, tú también eres una hermana especial, pero ello no conlleva que sea tu responsabilidad el cuidado de Max, sino nuestra. Y el día que faltemos papá y yo, tú deberás hacer tu vida, viendo por tu hermano como por cualquier otro hermano, no más, no menos. Para eso estamos trabajando papá y yo, para que Max sea lo más independiente posible.

Pero, al igual que yo tuve que aceptar la condición de "madre especial", así tú también acepta tu papel de "hermana especial", y perdona a Dios, a la vida, al destino, por todo lo que te tocó vivir, y solo ama a tu hermano, conviértete en su aliada y defensora, y disfruta de las tantas cosas bellas, nobles y cómicas que vives con él.

Recuerda que quien te ame en esta vida, deberá también aceptar y respetar a tu familia, y por ende a Max. La inclusión comienza por la familia, no lo olvides.

Reitero: Max NO ES TU RESPONSABILIDAD, solo hay que convivir, hacerlo parte de tu vida, aceptarlo y amarlo como cualquier otro hermano. Y sé que tú lo has hecho y lo seguirás haciendo muy bien.

Te agradezco, te reconozco y te amo hija.

Tú Mami.

A mi esposo Fernando...

Nada de lo que es hoy Max podría serlo sin ti.

Yo sé el dolor que llevas, las expectativas rotas que cargas, las interrogantes sin respuesta y el orgullo como hombre cuarteado. Pero también sé el amor tan grande que llevas en tu corazón por Max, y el celo que te consume por defenderlo.

Gracias Amor, porque si bien yo he estado más de cerca en la formación de Max, ha sido porque tú has estado en el frente de la economía. Porque tener un hijo con Autismo no es barato. Y juntos, hemos sido un equipo para él.

Hoy solo quiero decirte que Max es más de lo que cualquier papá puede desear tener como hijo varón, convive con él, juega con él, enséñale, platica y ríe con él. Siéntete muy orgulloso de sus pequeños grandes logros. Verás que te sorprenderá.

Para él tú y solo tú eres y serás su super héroe número uno.

Y a mí, solo perdóname, por todo el tiempo en que di prioridad a mi hijo y a sus necesidades dejándote de lado o no incluyéndote. Tal vez me olvidé de ti y me escondí en mi dolor y en sacar adelante a Max, sin darme cuenta que tú también tenías mucho dolor, y que no sabíamos cómo expresarlo.

Hoy te reitero nuestros votos matrimoniales... *en la salud y en la enfermedad.* ¡Oh!, pero como el Autismo no es una enfermedad, prometo seguir amándote en la salud y en cualquier condición que se nos presente. *"Al infinito y más allá"*

I love you man.

Made in the USA
Columbia, SC
28 October 2024

44845156R00041